Amnesty International setzt sich seit 1961 auf der Grundlage der Allgemeinen Erklärung der Menschenrechte für eine Welt ein, in der die Rechte aller Menschen geachtet werden. 1977 erhielt die Organisation dafür den Friedensnobelpreis. Die Stärke von Amnesty International liegt im Engagement von weltweit mehr als zehn Millionen Mitgliedern und Unterstützer*innen unterschiedlicher Nationalitäten und Kulturen. Gemeinsam setzen sie sich mit Mut, Kraft und Fantasie für eine Welt ohne Menschenrechtsverletzungen ein. Informationen zur Menschenrechtsbildung von Amnesty gibt es online unter amnesty.de/menschenrechtsbildung.

MIX
Papier aus verantwortungsvollen Quellen
FSC® C106600
www.fsc.org

Klimaneutral
Druckprodukt
ClimatePartner.com/13916-1911-1001

Printed in Slovenia
ISBN 978-3-96428-112-8
www.jacobystuart.de

Cai Schmitz-Weicht • Ka Schmitz

Die Allgemeine Erklärung der MENSCHENRECHTE

für junge Menschen

AMNESTY INTERNATIONAL

VERLAGSHAUS JACOBY STUART

Vorwort

So einzigartig wir alle sind, und so verschieden voneinander – eines haben wir gemeinsam: Jede_r von uns hat dieselben Menschenrechte, und das von Geburt an! Diese Rechte wurden 1948 in der Allgemeinen Erklärung der Menschenrechte verabschiedet.

Die vorliegende Version ist in verständlicher Sprache verfasst und lädt dazu ein, sie mit Kindern gemeinsam (neu) zu entdecken und zu verschiedenen Themen ins Gespräch zu kommen. Kinder erfahren, dass sie Rechte haben und alle Menschen gleich wertvoll sind, egal wie und wo sie leben. Sicherlich werden sie sich freuen zu lesen, dass sie ein Recht auf ihre Privatsphäre mit ihren eigenen Geheimnissen haben oder ein Recht auf Freizeit und Erholung von der Schule.

So kann die Lektüre dieses Buches sie darin bestärken, hellwach, selbstbewusst und solidarisch durchs Leben zu gehen. Denn nur wer die Menschenrechte kennt, kann sich für sie einsetzen und damit zu einem friedlichen, vielfältigen, fairen und gleichberechtigten Miteinander beitragen.

Collien Ulmen-Fernandes

Präambel (Einleitung)

Wir – die Mitglieder der Vereinten Nationen – sind überzeugt, dass alle Menschen die gleichen Rechte haben.

Trotzdem haben Menschen anderen Menschen furchtbare Dinge angetan. Darüber sind wir entsetzt.

Wir wollen eine Welt mit Freundschaft, Gerechtigkeit und Frieden. Eine Welt, in der alle Menschen ohne Angst und Not leben können.

Deshalb verkünden wir diese Allgemeine Erklärung der Menschenrechte als unser gemeinsames Ziel.

Wir verpflichten uns, diese Rechte zu achten und zu schützen – in jedem einzelnen Land und in der Zusammenarbeit zwischen den Ländern.

Artikel 1

Alle Menschen sind wertvoll

Deshalb haben alle die gleichen Rechte. Und die gleichen Freiheiten. Und alle verdienen Respekt. Das alles wird auch „Menschenwürde" genannt.

Alle Menschen sollen gut miteinander umgehen und sich gegenseitig helfen.

Artikel 2

Die Menschenrechte gelten für alle

Diese Menschenrechte gelten für alle Menschen auf der ganzen Welt. Egal wie sie aussehen oder welches Geschlecht sie haben. Egal wo sie herkommen oder wer dort regiert. Egal wie viel Geld sie haben oder wer ihre Eltern sind. Egal was sie glauben oder welche Sprache sie sprechen.

Artikel 3

Alle dürfen frei und sicher leben

Niemand soll um sein Leben fürchten.
Niemand soll Krieg und Gewalt erleben.

IGNATIUS FORTUNA (6 Jahre)
Eigentum von
Franziska Christina
von Pfalz-Sulzbach (1735)
„EIGENTUM"…?!!

Artikel 4

Niemand darf versklavt werden

Das heißt: Niemand darf einen Menschen gefangen halten und zur Arbeit zwingen. Niemand darf einen Menschen verkaufen. Denn Menschen sind kein Eigentum. Sie gehören nur sich selbst.

Artikel 5

Foltern und grausame Strafen sind verboten

Foltern bedeutet, einen Menschen seelisch oder körperlich zu quälen, der sich nicht wehren oder weglaufen kann. Zum Beispiel um ihn oder sie zu etwas zu zwingen. Um etwas herauszufinden. Um sie oder ihn zu bestrafen.

Das ist verboten. Immer und überall.

KINO
prima
EIS

Artikel 6

Alle Menschen sind rechtsfähig – überall

Das bedeutet: Alle Menschen haben das Recht auf einen Namen. Und alle dürfen Verträge schließen. Zum Beispiel so: Kinder dürfen eine Kinokarte kaufen. Jugendliche dürfen einen Ferienjob haben. Erwachsene dürfen eine Wohnung mieten.

Artikel 7

Gesetze sind für alle gleich

In Gesetzen stehen Regeln. Diese Regeln sind für alle Menschen gleich. Sie schützen alle Menschen. Und alle müssen sich daran halten.

Niemand darf durch die Regeln besser oder schlechter behandelt werden als andere Menschen.

UNFAIR!

Artikel 8

Alle Menschen sollen Rechtsschutz bekommen

Das bedeutet: Menschen, die ungerecht behandelt werden, können sich vor einem Gericht beschweren. Das Gericht muss dafür sorgen, dass das Unrecht aufhört. Es muss die Rechte der Menschen schützen.

Artikel 9

Niemand darf ohne Grund verhaftet werden

Menschen dürfen nicht ohne Grund ins Gefängnis gebracht werden. Sie dürfen auch nicht einfach so gezwungen werden, das Land zu verlassen.

Artikel 10

Alle haben das Recht auf ein faires Gerichtsverfahren

Niemand darf einfach so bestraft werden.
Darüber muss immer ein Gericht entscheiden.
Das Gerichtsverfahren soll gerecht sein.

Das bedeutet: Allen wird gut zugehört. Niemand wird bevorzugt. Die Entscheidung wird nicht im Geheimen getroffen.

!! ?!
SCHOKOLO
KEKSE

Artikel 11

Jeder Mensch ist unschuldig – solange nichts anderes bewiesen ist

Wenn jemand beschuldigt wird, muss ein Gericht den Vorwurf genau überprüfen. Ist die Person wirklich schuld? Was sagt sie zu ihrer Verteidigung? Gibt es Zeug*innen oder Beweise? Wenn nicht, gilt sie als unschuldig.

Manchmal hat jemand früher etwas gemacht, was damals erlaubt war. Dann darf er oder sie nicht bestraft werden. Auch wenn es heute verboten ist.

Artikel 12

Alle haben das Recht auf ein Privatleben

Das bedeutet: Das eigene Leben, die Wohnung, Briefe und Chats, Hobbys, Freundschaften und das Familienleben sind privat. Niemand darf sich dort ohne Grund einmischen, darf Menschen stören oder ausspionieren.

Artikel 13

Menschen entscheiden selbst, wo sie leben möchten

Innerhalb eines Landes dürfen alle Menschen reisen und umziehen. Jeder Mensch darf jedes Land verlassen. Und alle dürfen immer in ihr eigenes Land zurückkehren.

Artikel 14

Wer verfolgt wird, soll Asyl bekommen

Asyl bedeutet Schutz. Manchmal werden Menschen ungerecht verfolgt. Zum Beispiel weil sie die Regierung in ihrem Land kritisieren. Oder weil sie einer bestimmten Gruppe von Menschen angehören. Oder einer bestimmten Religion. Dann dürfen sie in anderen Ländern Schutz suchen.

Sie dürfen nicht in ein anderes Land zurückgeschickt werden, wenn ihnen dort Gefängnis, Folter oder Tod droht.

Artikel 15

Alle haben das Recht auf eine Staatsangehörigkeit

Die Staatsangehörigkeit ist eine bestimmte Verbindung zu einem Land. Das Land sagt damit ganz offiziell: Du gehörst zu uns. Du bekommst von uns einen Pass. Du musst bei uns Steuern zahlen. Und wenn du im Ausland Probleme hast,
helfen wir dir.

Menschen dürfen ihre Staatsangehörigkeit auch wechseln.

Artikel 16

Erwachsene Menschen dürfen eine Familie gründen

Sie dürfen auch heiraten. Aber nur, wenn sie es selbst wollen. Dabei ist es egal, wie sie aussehen, wo sie herkommen oder woran sie glauben. Im Familienleben, bei einer Heirat und bei einer Scheidung haben sie alle die gleichen Rechte.

Familien sollen vom Staat beschützt werden.

MEINS!!

Artikel 17

Jeder Mensch darf Eigentum haben

Eigentum heißt: Etwas gehört dir ganz allein. Oder deiner Familie. Oder dir und deinen Freund*innen.

Niemand darf es dir einfach so wegnehmen.

Artikel 18

Alle dürfen denken, was sie wollen

Niemand darf Menschen vorschreiben, was sie denken oder woran sie glauben sollen. Auch der Staat darf das nicht. Über Gut und Böse dürfen alle Menschen selbstständig nachdenken.

Alle dürfen selbst entscheiden, ob sie eine Religion haben. Und wenn ja, welche das ist. Sie dürfen ihren Glauben auch wechseln. Und sie dürfen ihre Religion allein oder mit anderen ausüben. Zum Beispiel bei einem Gottesdienst.

Artikel 19

Alle Menschen dürfen ihre Meinung sagen

Alle dürfen sagen, schreiben und teilen, was sie über eine Sache denken. Sie dürfen auch Informationen und Meinungen von anderen lesen oder anhören. Zum Beispiel im Internet, im Radio, in Zeitungen oder in Büchern. Der Staat darf keine Meinung vorschreiben und keine verbieten.

FÜR MENSCHENRECHTE!
GEGEN RASSISMUS!
FÜR KLIMASCHUTZ!

Artikel 20

Menschen dürfen gemeinsam für etwas kämpfen

… solange sie das friedlich tun. Sie dürfen zusammen demonstrieren. Sie dürfen sich auch in Gruppen zusammenschließen. Zum Beispiel in Parteien, Vereinen oder Gewerkschaften. (In Gewerkschaften kämpfen Menschen gemeinsam für gute Arbeitsbedingungen.)

Niemand darf gezwungen werden, bei einer bestimmten Gruppe mitzumachen.

Artikel 21

In der Politik dürfen alle mitbestimmen

Deshalb sollen Politiker*innen gewählt werden. Ab einem bestimmten Alter dürfen alle Menschen wählen oder sich wählen lassen. Dabei gilt: Jede*r hat eine Stimme. Jede Stimme ist gleich viel wert. Alle dürfen frei entscheiden, deshalb ist die Abstimmung geheim.

Die gewählten Politiker*innen machen die Gesetze.

Artikel 22

Alle sollen bekommen, was sie zum Leben brauchen

Alle Menschen brauchen Essen, Kleidung, Wasser, Kultur und noch einiges mehr. Sonst können sie nicht wie Menschen leben.

Jedes einzelne Land muss dafür sorgen, so gut es kann. Und alle Länder auf der Erde müssen zusammenarbeiten, damit niemand Not leidet.

Artikel 23

Alle haben das Recht auf eine gute Arbeit

Alle Menschen dürfen ihren Beruf selbst aussuchen. Und alle sollen vor Arbeitslosigkeit geschützt werden.

Wer arbeitet, soll gerecht bezahlt werden. Das heißt: Für die gleiche Arbeit sollen Menschen auch gleich viel Geld bekommen. Der Lohn soll ausreichen, um die Miete, das Essen, die Schulsachen für die Kinder und andere wichtige Dinge zu bezahlen.

Artikel 24

Freizeit ist ein Menschenrecht

Alle Menschen haben das Recht auf Freizeit und Erholung. Sie sollen rechtzeitig Feierabend haben. Und regelmäßig Urlaub bekommen.

Artikel 25

Menschen in Not sollen Hilfe bekommen

Alle Menschen brauchen Essen, Trinken, Kleidung, eine Wohnung und Medizin. Manche können das selbst nicht bezahlen. Zum Beispiel weil sie wenig verdienen, weil sie krank sind oder weil sie keine bezahlte Arbeit haben. Dann haben sie ein Recht auf Hilfe.

Mütter und Kinder sollen besonders gut unterstützt werden. Dabei ist es egal, ob die Eltern verheiratet sind oder nicht.

SCHULE

Artikel 26

Alle dürfen und sollen etwas lernen

Deshalb muss die Schule kostenlos sein – mindestens die Grundschule. Es geht nicht, dass jemand sagt: Du darfst nicht zur Schule, du musst arbeiten. Deshalb ist die Grundschule Pflicht.

In der Schule soll es dir gut gehen. Du sollst auch etwas über die Menschenrechte lernen. Damit alle mithelfen können, den Frieden auf der Welt zu schützen.

Artikel 27

Kultur und Wissenschaft sind für alle da

Zur Kultur gehören Bilder, Theater, Filme, Bücher, Musik, die eigenen Feste und Traditionen und vieles mehr. Alle Menschen dürfen dabei mitmachen, zuschauen oder zuhören.

In der Wissenschaft werden Dinge erforscht und erfunden. Davon sollen alle Menschen etwas haben.

Aber: Wer etwas erforscht, erschafft oder erfindet, darf selbst bestimmen, was damit passiert. Zum Beispiel ob eine Zeichnung kostenlos im Internet gezeigt werden darf oder nicht.

Artikel 28

Alle haben das Recht auf eine gute internationale Ordnung

Das bedeutet: Jedes einzelne Land soll gute Regeln und Gesetze machen. Damit die Menschenrechte für alle Menschen Wirklichkeit werden. Und alle Länder auf der Erde sollen dafür gut zusammenarbeiten.

Artikel 29

Jeder Mensch hat Rechte und Pflichten

Alle Menschen leben zusammen auf dieser Welt. Damit es allen gut geht, müssen auch alle mithelfen.

Jede*r darf die eigenen Rechte und Freiheiten nutzen. Aber die Rechte anderer Menschen dürfen dadurch nicht verletzt werden.

Artikel 30

Die Menschenrechte dürfen nicht missbraucht werden

Das bedeutet: Niemand darf die Erklärung der Menschenrechte dafür benutzen, um Menschenrechte abzuschaffen. Ein Staat darf zum Beispiel nicht sagen: „Damit alle genug Essen bekommen (wie es Artikel 22 sagt), musst du jetzt Bauer oder Bäuerin werden.“ Denn damit würde er Artikel 23 verletzen: Alle Menschen dürfen ihren Beruf selbst aussuchen.

Über die Allgemeine Erklärung der Menschenrechte

Die Allgemeine Erklärung der Menschenrechte ist nach dem Zweiten Weltkrieg entstanden. In Deutschland und in anderen Ländern waren Millionen Menschen gequält und getötet worden. Damit so etwas nie wieder passiert, haben damals Menschen aus verschiedenen Ländern gemeinsam die Allgemeine Erklärung der Menschenrechte geschrieben.

Die Generalversammlung der Vereinten Nationen (UNO) hat diese Menschenrechte dann am 10. Dezember 1948 verkündet. Nach diesem Tag bekam die UNO noch viele neue Mitglieder, zum Beispiel Länder, die sich von der Kolonialherrschaft befreien konnten. 1993 wurde die Erklärung noch einmal von 171 Ländern als gemeinsames Ziel bestätigt.

Mehrere internationale Verträge basieren auf der Allgemeinen Erklärung der Menschenrechte. Auch die UN-Kinderrechtskonvention und das deutsche Grundgesetz beziehen sich darauf. Weltweit setzen sich Aktivist*innen, Politiker*innen und Organisationen wie Amnesty International dafür ein, dass die Menschenrechte eingehalten werden.

Danksagung

Bei der Entstehung dieses Buches haben viele Menschen mitgeholfen. Wiebke Buth, Ines Wildhage und Anne-Catherine Paulisch von Amnesty International haben den Anstoß dazu gegeben und viel Zeit und Energie in das Projekt investiert. Ehrenamtliche von Amnesty haben mit uns über die Entwürfe diskutiert. Kinder haben unsere ersten Skizzen und Erklärungen getestet und verbessert. Kolleg*innen, Freund*innen und Expert*innen zu Rassismus, Antisemitismus und anderen Diskriminierungen haben ihr Wissen mit uns geteilt. Edmund Jacoby vom Verlag Jacoby & Stuart hat mit Langmut und Pragmatismus dafür gesorgt, dass das Buch am Ende auch fertig wurde.
Ohne euch alle würde es dieses Buch nicht geben. Danke!

Cai Schmitz-Weicht und Ka Schmitz

Cai Schmitz-Weicht fand es als Kind total frustrierend, wenn jemand sagte: „Das verstehst du noch nicht.“ Sie hatte den Verdacht, dass Erwachsene einfach nicht gut erklären können. Oder ist ihnen das zu anstrengend? Mit ihren Texten will sie es heute besser machen.

Ka Schmitz hat schon in der Schule am liebsten gezeichnet, auch in Mathe, Chemie und Französisch. Wenn Menschenrechte verletzt werden, macht sie das furchtbar wütend. Deshalb setzt sie sich seit Jahren gegen Ungerechtigkeit ein – zum Beispiel mit ihren Zeichnungen.